Mon Canada
COLOMBIE-BRITANNIQUE

Sheila Yazdani

TABLE DES MATIÈRES

Colombie-Britannique......... 3

Glossaire 22

Index 24

Un livre de la collection
Les jeunes plantes de Crabtree

Crabtree Publishing
crabtreebooks.com

Soutien de l'école à la maison pour les parents, les gardiens et les enseignants.

Ce livre aide les enfants à se développer grâce à la pratique de la lecture. Voici quelques exemples de questions pour aider le lecteur ou la lectrice à développer ses capacités de compréhension. Les suggestions de réponses sont indiquées en rouge.

Avant la lecture

- Qu'est-ce que je sais sur la Colombie-Britannique?
  - *Je sais que la Colombie-Britannique est une province.*
  - *Je sais qu'il y a plusieurs plages en Colombie-Britannique.*

- Qu'est-ce que je veux apprendre sur la Colombie-Britannique?
  - *Je veux savoir quelles personnes célèbres sont nées en Colombie-Britannique.*
  - *Je veux savoir à quoi ressemble le drapeau de la province.*

Pendant la lecture

- Qu'est-ce que j'ai appris jusqu'à présent?
  - *J'ai appris que Victoria est la capitale de la Colombie-Britannique.*
  - *J'ai appris que l'île de Vancouver est la plus grande île sur la côte pacifique de l'Amérique du Nord.*

- Je me demande pourquoi…
  - *Je me demande pourquoi le cornouiller de Nuttall est la fleur de la province.*
  - *Je me demande pourquoi la Colombie-Britannique cultive autant de bleuets.*

Après la lecture

- Qu'est-ce que j'ai appris sur la Colombie-Britannique?
  - *J'ai appris que Vancouver est la plus grande ville de la Colombie-Britannique.*
  - *J'ai appris que l'ours Kermode (ou ours d'esprit) représente l'animal de la province.*
- Lis le livre à nouveau et cherche les mots de vocabulaire.
  - *Je vois le mot **capitale** à la page 6 et le mot **chutes** à la page 16. Les autres mots de vocabulaire se trouvent aux pages 22 et 23.*

J'habite à Squamish. J'aime grimper le mont Stawamus Chief.

Ma ville est connue pour ses nombreuses activités de plein air, telles que la randonnée, le vélo de montagne, le ski et encore plus!

La Colombie-Britannique est une **province** de l'ouest du Canada. La **capitale** est Victoria.

Fait intéressant : Vancouver est la plus grande ville de la Colombie-Britannique.

L'animal de la province est l'**ours Kermode** (ou ours d'esprit).

Fait intéressant : La Colombie-Britannique produit environ 90% des bleuets du Canada.

Le drapeau de ma province comprend un coucher de soleil. Au-dessus du soleil, se trouve le **drapeau royal de l'Union** (Union Jack).

Ma famille aime regarder les Whitecaps de Vancouver jouer au soccer.

Fait intéressant : L'île de Vancouver est la plus grande île de la côte pacifique de l'Amérique du Nord.

J'aime observer les **chutes** dans le parc national Yoho.

J'aime découvrir l'histoire au Barkerville Historic Town and Park .

Le doubleur Thomas Middleditch est né en Colombie-Britannique. Le joueur de hockey de la LNH Shea Weber est aussi né en Colombie-Britannique.

Fait intéressant : Elsie MacGill, la première femme au monde à obtenir un diplôme d'ingénieure en **aéronautique**, est née à Vancouver, Colombie-Britannique.

Ma famille aime faire du canot sur le lac Okanagan.

Glossaire

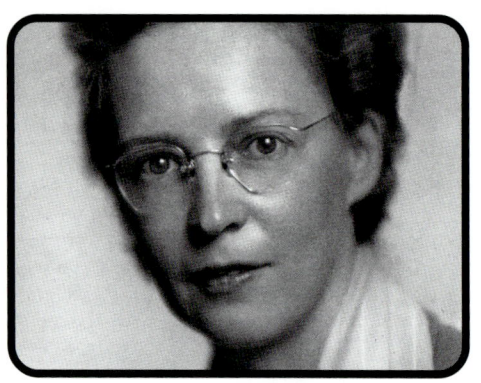

aéronautique (aé-ro-no-tik) : Relatif à la science de la conception et de la construction des avions

capitale (ka-pi-tal) : La ville où se trouve le gouvernement d'un pays, d'un état, d'une province ou d'un territoire

chutes (shut) : Des cours d'eau naturels qui tombent d'un endroit élevé

 **drapeau royal de l'Union** (dra-po rwa-jal de jun.jən) / Union Jack (YOONyuhn jak) : Le drapeau du Royaume-Uni

 **ours Kermode** (ours kèr-mod) : Un type d'ours qui vit dans les régions de la côte centrale et de la côte nord de la Colombie-Britannique

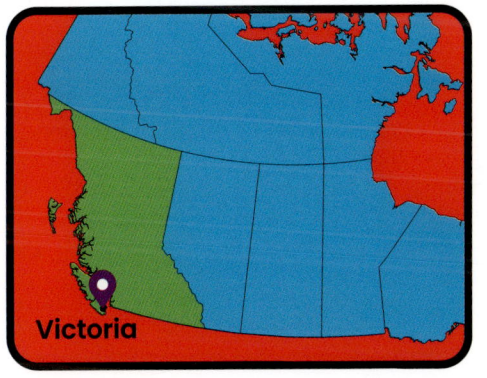 **province** (pro-vins): Au Canada, comme dans certains pays, c'est une des grandes zones qui le divise

23

Index

bleuets 10, 11
île de Vancouver 14, 15
lac Okanagan 20
Middleditch, Thomas 18
randonnée 5, 15
Whistler 21

À propos de l'auteure

Sheila Yazdani vit en Ontario, près des chutes Niagara, avec son chien Daisy. Elle aime voyager à travers le Canada pour découvrir son histoire, ses habitants et ses paysages. Elle adore cuisiner les nouveaux plats qu'elle découvre. Sa gâterie favorite est la barre Nanaimo.

Autrice : Sheila Yazdani
Conception et illustration : Bobbie Houser
Développement de la série : James Earley
Correctrice : Melissa Boyce
Conseils pédagogiques : Marie Lemke M.Ed.
Traduction : Claire Savard

Photographies :
Library and Archives Canada: p. 19, 22
Newscom: Marc Sanchez/Icon SMI 144: p. 18 right
Shutterstock: Harry Beugelink: cover; 2009fotofriends: p. 3; Ludmila Ruzickova: p. 4-5; Media Guru: p. 6, 22-23; f11photo: p. 7; Lynn A: p. 8, 22; John Yunker: p. 9; Bryan Pollard: p. 10-11; Krasula: p. 11; Steve Allen: p. 12, 23; lev radin: p. 13; Russ Heinl: p. 14; Neil Podoll: p. 14-15; Scott Bennie: p. 16, 23; Vicki L. Miller: p. 17; Kathy Hutchins: p. 18 left; Elena_Alex_Ferns: p. 20; Fremme: p. 21

Crabtree Publishing

crabtreebooks.com 800-387-7650
Copyright © 2025 Crabtree Publishing

Tous droits réservés. Aucune partie de cette publication ne doit être reproduite ou transmise sous aucune forme ni par aucun moyen, électronique, mécanique, par photocopie, enregistrement ou autrement, ou archivée dans un système de recherche documentaire, sans l'autorisation écrite de Crabtree Publishing Company.
Au Canada : Nous reconnaissons l'appui financier du gouvernement du Canada par l'entremise du Fonds du livre du Canada pour nos activités de publication.

Imprimé aux États-Unis/062024/CG20240201

Publié au Canada
Crabtree Publishing
616 Welland Avenue
St. Catharines, Ontario
L2M 5V6

Publié aux États-Unis
Crabtree Publishing
347 Fifth Avenue
Suite 1402-145
New York, New York, 10016

Library and Archives Canada Cataloguing in Publication
Available at Library and Archives Canada

Library of Congress Cataloging-in-Publication Data
Available at the Library of Congress

Paperback: 978-1-0398-4338-7
Ebook (pdf): 978-1-0398-4351-6
Epub: 978-1-0398-4364-6
Read-Along: 978-1-0398-4377-6
Audio: 978-1-0398-4390-5